Pedro Calderón de la Barca

Céfalo y Pocris

Barcelona **2024**
Linkgua-ediciones.com

Créditos

Título original: Céfalo y Pocris.

© 2024, Red ediciones.

e-mail: info@linkgua.com

Diseño de cubierta: Michel Mallard

ISBN tapa dura: 978-84-9897-305-1.
ISBN rústica: 978-84-9816-399-5.
ISBN ebook: 978-84-9897-141-5.

Sumario

Créditos _____ 4

Brevísima presentación _____ 7
   La vida _____ 7

Personajes _____ 8

Jornada primera _____ 9

Jornada segunda _____ 51

Jornada tercera _____ 91

Libros a la carta _____ 129

Brevísima presentación

La vida

Pedro Calderón de la Barca. (Madrid, 1600-Madrid, 1681). España. Su padre era noble y escribano en el consejo de hacienda del rey. Se educó en el colegio imperial de los jesuitas y más tarde entró en las universidades de Alcalá y Salamanca, aunque no se sabe si llegó a graduarse. Tuvo una juventud turbulenta. Incluso se le acusa de la muerte de algunos de sus enemigos. En 1621, se negó a ser sacerdote, y poco después, en 1623, empezó a escribir y estrenar obras de teatro. Escribió más de ciento veinte, otra docena larga en colaboración y alrededor de setenta autos sacramentales. Sus primeros estrenos fueron en corrales.

Lope de Vega elogió sus obras, pero en 1629 dejaron de ser amigos tras un extraño incidente: un hermano de Calderón fue agredido y, al perseguir al atacante, entró en un convento donde vivía como monja la hija de Lope. Nadie sabe qué pasó.

Entre 1635 y 1637, Calderón de la Barca fue nombrado caballero de la Orden de Santiago. Por entonces publicó veinticuatro comedias en dos volúmenes y La vida es sueño (1636), su obra más célebre. En la década siguiente vivió en Cataluña y entre 1640 y 1642, combatió con las tropas castellanas. Sin embargo, su salud se quebrantó y abandonó la vida militar. Entre 1647 y 1649 la muerte de la reina y después la del príncipe heredero provocaron el cierre de los teatros, por lo que Calderón tuvo que limitarse a escribir autos sacramentales.

Calderón murió mientras trabajaba en una comedia dedicada a la reina María Luisa, mujer de Carlos II el Hechizado. Su hermano José, hombre pendenciero, fue uno de sus editores más fieles.

Personajes

El Rey, viejo
Antistes
Polidoro
Céfalo
Rosicler
Tabaco
Pocris
Aura
Filis
Clori
Lesbia, dueña
Nise, dueña
Laura, dueña
Pastel
Un Gigante
Pasquín
Un Capitán
Flora

Jornada primera

Habrá en el teatro una gruta. Sale Pasquín y, llegando junto a ella, representa.

Pasquín   Príncipe soterrado,
        a quien tiene el amor contraminado
        y a quien, zahorí, su dama le hace guerra
        siete estados debajo de la tierra:
        advierte que ya el día   5
        repite la luciente bobería
        de vestirse temprano,
        sin saber si es invierno o si es verano.

(Sale Polidoro por la boca de la gruta.)

Polidoro   Pasquín, ¿aquí das voces?
        ¿No echas de ver que te daré de coces? 10
        ¿Dónde el pollino tienes?

Pasquín   Allí está, con jamugas de borrenes.

Polidoro   Por eso traigo yo espuelas secretas,
        que en efecto es pollino de corvetas.
        Vamos de aquí.

Pasquín   Parece que aturdido   15
        vienes: ¿qué hay?

Polidoro   Que dos dueñas me han sentido,
        una peor que otra.

Pasquín   Eso no lo ignores,
        que las mejores dueñas son peores;

	pero... diraslas algo si son dueñas.	
Polidoro	Ya se lo di, mas díselo por señas.	20
Pasquín	Ay, señor, mejor fuera de contado; que en Castilla el que es adelantado, vive con alegría, porque es señor de Dueñas y Buendía.	
Polidoro	¡Gran daño el alma llora! Mas vámonos, que es hora de ser hora.	25
Pasquín	Eso es lo que yo quiero.	
(Dentro Uno.)		
[Uno]	¡Amaina, amaina, pícaro cochero!	
Otro (Dentro.)	En vano por salir a tierra anhelas, que apaga las cortinas, sin ser velas, el aire en travesía.	30
Céfalo (Dentro.)	¡Mal haya alcoba que en cortinas fía!	
Polidoro	¿Qué es aquello?	
Pasquín	Que, en esos hondos mares, tormenta corre como en Manzanares, dando al través un coche.	35
Polidoro	Aqueso tiene el caminar de noche.	
Pasquín	Cosa será perfeta lo que trae, pues por mar viene en carreta.	

Polidoro	Pues vámonos pasico, sin mirallo,
	como que no lo vemos.

Rosicler (Dentro.)	¡Jo, caballo!	40

Polidoro	¿Qué voz es esta que escuché a otro lado?

Pasquín	Un borrico es que viene, desbocado,
	despeñando del monte a un caballero.

Polidoro	No subiera él en bruto tan ligero.	
	¿A los dos no daremos dos consuelos?	45

Pasquín	¿Cuáles?

Polidoro	Ven a pensarlos.

(Vanse por la gruta Polidoro y Pasquín.)

Todos	¡Piedad, cielos!

Rosicler	Bruto veloz que vas con ansia fiera,
	sin ser media, tomando esta carrera:
	dime si la pespuntas o la coses...

Todos	¡Que nos vamos a vuelco! ¡Piedad, dioses!	50

Uno (Dentro.)	Puesto que aquí delante
	un bergantín no hay, haya un bergante.

Céfalo (Dentro.)	Llega; yo te daré para buñuelos.

Rosicler (Dentro.)	¡Jo, pollino!

Céfalo (Dentro.)	¡Harre, hombre!

Todos	¡Piedad, cielos!

Uno   ¡Ya a tierra habéis salido!   55

(Saca Uno en hombros a Céfalo.)

Céfalo   ¡Oh humano bergantín! Agradecido
confieso que he quedado:
tomad la oncena parte de un ducado.

(Sale Rosicler en un pollino.)

Rosicler   ¡Que a despeñarme un bruto así me traiga!
¿Qué piedra habrá mullida en que yo caiga?   60
Mas quiérome matar hacia esta parte;
ahora no habrá quien pueda ya menearte.

Céfalo   ¿Qué tierra será esta?

Rosicler   ¿Si habrá pastor en toda esta floresta?

Céfalo   Voy de hoja en hoja.

Rosicler	Voy de rama en rama. 65

(Dentro Pastel.)

[Pastel]   Céfalo.

Tabaco (Dentro.)   Rosicler.

Céfalo	¿Quién es?
Rosicler	¿Quién llama?

(Salen Tabaco y Pastel, por distintas partes.)

Pastel	Yo soy.
Tabaco	Yo llamo.
Céfalo	¿Cómo has escapado de aquese inmenso ciénago?
Pastel	Mojado.
Rosicler	¿Cómo hasta aquí llegaste?

Tabaco   Despeñásteme tú y te despeñaste;   70
que señores menguados
se despeñan a sí y a sus criados.

Pastel   Pues ya que tú escapar puedes
hollando húmidas arenas,
no aquí parado te quedes   75
en vil retrete que apenas
se divisan las paredes.

Tabaco   El susto al consuelo trueca;
y, andando de Ceca en Meca,
pisen tus huellas bizarras   80
campo inútil de pizarras,
ribera agostada y seca.

Céfalo   No sé si gente hallaré

por el desierto que sigo.

Pastel   Pues, ¿no me dirás por qué?   85

Céfalo (Canta.)   Yo que lo sé, que lo vi, te lo digo;
yo que lo digo, lo vi y me lo sé.

Rosicler   Mal a buscar persuades
ni palacios ni retiros,
pues aún no cantan abades   90
aquí donde mis suspiros
pueblan estas soledades.

Pastel   Van once maravedís
que a mis voces, en un tris,
gente hay arriba y abajo.   95
¡Hola, pastores del Tajo
que a Manzanares venís!

Tabaco   ¿Oyes voz?

Rosicler   Y aunque imagines,
no será delito feo,
que ha sido voz de maitines   100
cantando los serafines
el Gloria in excelsis Deo.
Responde tú, dando al viento
otros suspiros más claros,
para que escuchen tu acento.   105

Tabaco   Otra vez vuelvo a templaros,
desacordado instrumento.
¡Pastores destos apriscos,
aliviad vuestros pesares,

14

	que la suerte entre estos riscos	110
	trasladó de Manzanares	
	milagros y basiliscos!	

Céfalo	Ya hemos hallado socorro,	
	pues si con la vista corro	
	al pie de aquel monte altivo,	115
	cabizbajo y pensativo	
	estaba el pastor Chamorro.	

(Hasta aquí han representado como sin verse, y ahora reparan unos en otros.)

| Tabaco | ¿Ves si ya las voces mías | |
| | tuvieron algo de bueno? | |

Rosicler	Sí, pues allí junto a Olías	120
	mirando estaba Fileno,	
	del Turia las aguas frías.	

| Pastel | Caballero es. | |

Céfalo	Sus pisadas	
	dicen que lo determines,	
	pues tienen aderezadas	125
	borceguíes marroquines	
	y espuelas de oro calzadas.	

| Tabaco | Marinero es. | |

Rosicler	No lo temo,	
	antes me alegro en extremo,	
	pues así dará a mi enfado	130
	de esperanza y de cuidado	

poca vela y mucho remo.

Céfalo   Dél, pues, sabré mi venida
dónde fue.

Rosicler   De mi caída
sabré dónde me hice el daño.   135

Céfalo   Dígasme tú, el ermitaño,
que haces la santa vida,
qué ciudad, qué pueblo o villa
hay en estos horizontes
que, sin poder descubrilla,   140
pasaba a extranjeros montes
una bella pastorcilla.

Rosicler   Lo mismo en los mismos males
preguntaron mis destinos,
pues que voy en dudas tales,   145
de día por los caminos,
de noche por los jarales.
Extranjero, gimo y lloro,
pues saliendo a este horizonte
el alba entre rayos de oro,   150
y con ella un fuerte moro
semejante a Rodamonte,
que soy yo, con tal rigor
se hizo mi caballo astillas
que no corrieron mejor   155
cuando corren las fuentecillas
riyendo y saltando de flor en flor.
Y así, sobre estos tapetes
que abril supo dibujallos,
quedamos los dos pobretes   160

entre los sueltos caballos
de los vencidos jinetes.

Céfalo   Yo, no con menor mancilla,
iguales fortunas siento;
pues que me arrojó a la orilla   165
fatigada navecilla
que al mar se entrega, y al viento.
Uno y otro dura guerra
me hicieron, con tal extremo,
que estaba viendo esta sierra   170
con las manos en el remo
y los ojos en la tierra.
Viendo, pues, que perecían
todos al rigor de Eolo,
a un gran bergante me fían,   175
dejándome venir solo
las gentes que me seguían.

Rosicler   Aliento vuestro mal cobre
pues, para ejemplo, el mío sobre;
y ese monte que el olvido   180
le dejó por escondido,
o le perdonó por pobre,
examinemos.

Céfalo   Mi ofensa
no hallará otra recompensa.

Rosicler   Nuestras amistades digan   185
que los trabajos obligan
a lo que el hombre no piensa.

Tabaco   ¿Oís, escudero?

Pasquín	Decid,
	¿qué me mandáis?

Tabaco	Advertid	
	que solo saber espero	190
	quién es este caballero	
	que a mis puertas dijo: «Abrid».	

Pasquín	Príncipe es (porque no troven	
	sus señas y me le roben)	
	de Trapobana arrogante,	195
	el más venturoso amante	
	y el más desdichado joven.	
	¿Quién es esotro?	

Tabaco	Escuchad:	
	rey Picardía le jura,	
	y busca Su Majestad	200
	muchos siglos de hermosura	
	en pocos años de edad.	

Céfalo	Ya aquí no puede romper	
	la maleza mi deseo;	
	y solo se dejan ver	205
	montañas, sin ser recreo	
	del hombre ni la mujer.	

Rosicler	¡Qué notable desconsuelo!	
	Altos montes de Aranjuez,	
	cumbres con cuya altivez	210
	también saltean el cielo	
	gigantes segunda vez:	
	¡sacadnos de aqueste horror!	

(Suena dentro un almirez.)

Céfalo   Escuchad: ¡un instrumento!

Tabaco   Y el más sonoro y mejor,   215
                  porque no iguala a su acento
                  clarín que rompe el albor.

(Vuelven a tocar el almirez y cantan.)

Música   San Cristóbal estaba a la puerta
                  con su capillita cubierta,
                  y rogando y suplicando   220
                  a las monjas del perdón
                  que le digan la oración.

Céfalo   ¡Qué suave melodía!

Pasquín   ¿Dónde será donde cantan?

Rosicler   Canónigo, aqueste monte   225
                  lleva arrastrando la falda;
                  y en ella, si no me engaño,
                  la provincia de La Mancha
                  cae.

Tabaco   Siempre aquesa provincia
                  cae en las cosas que arrastran.   230

Céfalo   ¡Un palacio se descubre
                  tan grande como una casa!

Pasquín   ¡Torres son sus chimeneas!

Rosicler	¡Son importantes alhajas de un palacio!
Tabaco	Y más si tienen 235 humos de verse tan altas.
Céfalo	Andemos hacia él, pues él hacia nosotros no anda, y tomaremos noticia.
Rosicler	Si es que nos la dan barata; 240 que príncipes distraídos suelen caminar sin blanca.
Tabaco	Escucha, que a cantar vuelven.
Pocris (Dentro.)	Pícara, idos de mi casa.
Aura (Dentro.)	¿Adónde?
Pocris	A espulgar un galgo. 245
Aura	No espulgo bien galgos.
Todas (Dentro.)	Basta.
Pocris	Si no espulgáis galgos bien, id a buscar la gandaya, idos a buscar la vida, idos a Turra o a Jauja; 250 harto os doy en que escoger; y si no, idos noramala.

Aura	Para quien oye esa afrenta no hay consuelo, ¡ay desdichada!
Céfalo	¿Cantar y llorar tan junto? 255 ¿Cúyo será aqueste alcázar?
Tabaco	De un tahúr, que ellos a un tiempo son los que lloran y cantan.
Rosicler	Adelantaos los dos a buscar la puerta falsa. 260
Céfalo	Sí, que viniendo a escondidas no es justo entrar a las claras.
Tabaco	Ven, Pastel.
Pastel	¿Mi nombre sabes?
Tabaco	Desde ayer.
Pastel	No me acordaba de que ayer fuimos los mismos. 265

(Vase.)

Céfalo	Diligencia ha sido vana enviarlos, que esta es la puerta.
Rosicler	Pues llamad a ella.
Céfalo	¡Ha de casa!
Gigante (Dentro.)	¿Quién es?

21

Céfalo	Dos príncipes somos,
	como quien no dice nada.

270

(Sale un Gigante, con la maza al hombro.)

Gigante	¿Príncipes a mis umbrales?
	Abro la puerta. ¡Deo gracias!
Los dos	Por siempre jamás, amén.
Rosicler	¡Ay cielos, figura extraña!
	¡Qué monstruo de tan mal cuerpo!

275

Céfalo	Sí, mas monstruo de buen alma
	según devoto responde.
Gigante	Siendo yo fuego, ¿quién llama
	a esta puerta?
Céfalo	Aquel.
Rosicler	Aquel.
Céfalo	Mama, coco.
Rosicler	Coco, taita.

280

Gigante	No temáis; que cuando mucho
	os daré con esta maza.
	Llegad.
Céfalo	Necesarias fueron
	en todo tiempo mis calzas;

	pero después que te vi	285
	son dos veces necesarias.	
Pasquín	Las mías no, y así me voy en aquese monte a echarlas de mí.	
Céfalo	Yo también.	
Gigante	¡Yo os juro que no os vais, por estas barbas! ¿Quién sois?	290
Céfalo	Dos andantes somos caballeros de importancia.	
Rosicler	Y ya somos dos «patantes», a saber lo que nos mandas.	
Gigante	Si sois caballeros, ¿cómo teméis?	295
Céfalo	Por la misma causa; que tenemos que perder muchísimo en nuestras casas.	
Rosicler	Y estamos sin herederos; y así, este temor nos guarda de las vidas.	300
Gigante	¿Dónde vais por aquí?	
Céfalo	Buscando maulas.	

Gigante	¿Tú quién eres?
Céfalo	Yo, señor, de Picardía monarca.
Gigante	¿Es gran provincia?
Céfalo	No es 305 muy grande, pero es muy ancha.
Gigante	¿Y tú?
Rosicler	En Trapobana fui nacido de mí y mi dama, y de este parto quedamos yo, el «trapo», y ella, la «vana». 310
Gigante	¿Venís más?
Céfalo	Dos escuderos a los dos nos acompañan.
Rosicler	Y estos nos traen los escudos de paciencia y no de armas.
Gigante	¿Cómo ha nombre el tuyo?
Céfalo	El mío 315 Pastel.
Gigante	Ya lo adivinaba; que en Picardía el pastel escudero es de importancia.

¿Y el tuyo?

Rosicler   Tabaco.

Gigante   Bueno,
también era cosa clara   320
que a trapos y vana sirva
esa sucísima alhaja.
¿Dónde fueron?

Céfalo   Por ahí.

Gigante   Pues, ¿cómo por aquí tardan?

Rosicler   Gigante, mucho preguntas.   325

Gigante   Esto es más fuerza que maña.
Pena de muerte los cuatro
tenéis.

Céfalo   ¿Por qué?

Gigante   Por nonada;
y así, yo quiero mataros,
pero ahora no tengo gana.   330
Idos de este monte, idos;
porque en este inmenso alcázar
soy guardadamas tan fiero
como cualquier guardadamas.
No os burléis conmigo ahora,   335
porque no gusto de chanzas.

(Yéndose.)

Céfalo	A fe que si no volviera tan aprisa las espaldas...
Gigante	¿Qué?

(Vuelve.)

Rosicler	Que habíamos de volverlas nosotros.
Gigante	¡Príncipes mandrias!	340

(Amágalos y vase, y ellos caen.)

Rosicler	Céfalo.
Céfalo	Rosicler.
Rosicler	¿Tienes miedo?
Céfalo	Tengo el que me basta para mí.
Rosicler	Yo el que me sobra para mí y un camarada.

(Salen Pastel y Tabaco.)

Pastel	No hemos hallado otra puerta que la de Guadalajara.	345
Céfalo	Nosotros sí, la del Sol, pero hicímosla Cerrada.

Tabaco	¿Qué hacéis en el suelo?
Rosicler	Atunes somos de capa y espada.
Céfalo	A aquesta estancia llegamos...
Rosicler	Venimos a aquesta estancia...
Céfalo	...adonde un ruin gigantillo...
Rosicler	...hijo de enano y giganta...
Céfalo	...nos puso de vuelta y media.
Rosicler	...puso en nosotros las patas.
Pastel	Calla, cobarde, ¿eso dices?
Tabaco	Medroso, ¿eso dices? Calla.
Pastel	¡Las hazañerías que hacen!
Tabaco	Pues sigamos las hazañas nosotros. ¡Caiga esa puerta!
Todos (Dentro.)	¡Échala fuera!
Pastel	No caiga.
Céfalo	Jácara piden adentro, pues «échala fuera» claman.

Líneas numeradas: 350, 355, 360

27

Rosicler	Ya sale sola quien es.	365

(Sale Aura, llorando y cantando.)

Aura	¡Ay belleza desdichada!	
	¡Ay malograda hermosura!	
	¡Nunca Dios me diera gracia	
	para enamorar infantes	
	ni para servir infantas!	370
	Caballeros, si os merezco	
	piedad, piedad a mis ansias.	

Céfalo	Si es tu hermosura santera,	
	dinos ya de qué demanda;	
	que quien canta mal sus males,	375
	muy mal sus males espanta.	

Rosicler	Dinos ya de quién te quejas	
	con música tan amarga.	

Aura (Cantando.)	Tinaja es aqueste reino,	
	que dizque ayer fue Trinacria;	380
	Tebandro, baldado rey,	
	le tiene, mas no le manda.	
	Diole dos hijas el cielo:	
	a la una Pocris llaman	
	y a la otra llaman Filis,	385
	si bien poco filis gasta.	
	Su padre, el Rey, es tan diestro	
	en esto de echar las habas,	
	que las ha echado a perder	
	solamente por ganarlas.	390
	No sé qué le dijo un día	
	un cedacico en su estaca,	

	unos berros en su artesa,	
	una candela en su ara,	
	un chapín en sus tijeras,	395
	en su orinal una clara	
	de huevo, y en fin, de ahorcado	
	una soga en su garganta;	
	pues, sin más ni más, ¿qué hizo?	
	Naciendo de un parto entrambas,	400
	de un parto las desnació;	
	de modo que aquesta casa	
	de las niñas de Loreto	
	es, porque hay muchas y pasan	
	extrema necesidad	405
	de ingenio, hermosura y gracia.	
	Dejemos aquí a las dos;	
	que en todo tiempo encontradas,	
	siendo en todo tiempo autoras	
	de mil competencias vanas,	410
	yacen silbándose una	
	a otra, culebras humanas;	
	y vamos a mí, que entre ellas	
	estoy vendida y comprada:	
	yo soy hija de Luis López...	415
(Representa.)	Mas, ¡ay de mí, qué ignorancia!	
	¡Hablar en montes ajenos	
	como si fuera en mi casa!	
(Canta.)	Hija soy de Antistes, que hoy	
	tiene del Rey la privanza;	420
	y pues él es el privado,	
	su hija será la privada.	
(Representa.)	Mi nombre es María... ¡Qué digo!	
	Es Aura, que estoy turbada.	
(Canta.)	El príncipe Pollodeoro	425
	por mis amores se abrasa,	

que príncipes de mal gusto
hay en infinitas farsas.
He aquí que lo sabe el Rey,
he aquí mi padre lo alcanza,   430
y que el uno dice «¡tate!»
cuando el otro dice «¡vaya!,
encerremos esta moza»;
dicho y hecho: aquí me enjaulan.
El Príncipe, enamorado,   435
buscó modos, halló trazas
de hablarme. Y viéronle dos
destas señoras urracas
que traen los alones negros
y traen las pechugas blancas;   440
destas que velando siempre
duermen en Valdevelada,
y comiendo en Buenavista,
van a merendar a Parla.
Dijéronlo y...

(Sale el Capitán y otros con linternas.)

| Capitán | ¡La justicia, | 445 |
| | caballeros! | |

| Aura | ¡Qué desgracia! | |

| Capitán | Abrid aquesas linternas. | |

| Tabaco | ¿Linternas con luz tan clara? | |

Capitán	Pues, ¿qué se os da a vós? ¿No es	
	mi cera la que se gasta?	450
	¿Es bueno escandalizando	

estar aquí con jácaras
la vecindad?

Pastel   Pues, ¿quién es
vecino desta montaña?

Capitán   Aquel risco. Quién son digan.   455

Rosicler   Son dos príncipes que vagan
el mundo.

Capitán   ¿Vagamunditos
son? Pues a la cárcel vayan:
¡prendedlos!

Todos   ¡Las armas vengan!

Céfalo   Esta, señor, es mi espada;   460
que no puedo en trance tal
daros mejor memorial
que a ella de sangre bañada.

Capitán   Y ella, ¿qué habla aquí con cuatro
hombres?

Aura   ¿De cuatro se espanta?   465

Capitán   Prendedla.

Aura   ¿Por qué?

Capitán   Por fea,
que es precisa circunstancia,
pues es fea, ser prendida.

Ponedlos carantamaulas
porque nadie los conozca.   470

(Pónenlos mascarillas.)

Y tú, ahora, a todos los ata,
y tiremos.

Uno   ¡Hola, hao!
¡San Pedro!

Pastel   ¡Gentil redada!

Tabaco   Aun si fuéramos besugos
iríamos a la plaza.   475

Otro   ¡San Francisco! ¡Hola, hao!

Capitán   De aquesta manera vayan.

Aura   ¡Ay infeliz padre mío,
qué malas nuevas te aguardan!

Rosicler   ¡Los príncipes forasteros   480
por qué de indecencias pasan!

Céfalo   Eso no será en mis días.

(Quiere huir.)

Soldado I   ¡Uno de la red se escapa!

Todos   ¡Resistencia!

(Llévanlos.)

Capitán	Tras él yo iré.	
Céfalo	¡San Martín me valga!	485
Capitán	No valdrá.	
Céfalo	Sí hará.	
Capitán	Por qué di.	
Céfalo	Porque Dios ve las trampas.	

(Húndese por un escotillón.)

Capitán   ¿Qué diablos se hizo dél?
                 Hombre, ¡mira que te matas!
[Aparte.]   (Debió como un pajarito   490
                 de quedarse, pues no habla
                 ni paula, que es mucho menos,
                 tampoco. Aunque me hagas rabias,
                 para esta sí te has muerto;
                 que no me has de ver la cara   495
                 alegre en toda tu vida.)
                 ¡Qué hombre era de tan buen alma!

(Vanse llevando presos a los demás, y salen Lesbia y Clori, dueñas.)

Lesbia   Ya basta, Clori, ya basta:
                cese la cólera fiera,
                que la paciencia se gasta;   500

33

y si fuera yo frutera,
te diera con la banasta.
Bueno es que tan zahareña
me riñas lo que parlé,
cuando la razón enseña   505
que dueña que calla...

Clori   ¿Qué?

Lesbia   No sabe lo que se dueña.

Clori   Eso, ni lo riño, no,
                ni en mi dueñez fuera justo;
                solo mi pecho sintió   510
                que me quitases el gusto.

Lesbia   ¿De qué?

Clori   De parlarlo yo.
                Y aun otra cosa que hiciste...

Lesbia   ¿Cuál? Llégamela a advertir.

Clori   ¿Lo que viste no dijiste?   515

Lesbia   Sí.

Clori   Pues debieras decir
                aquello que nunca viste.

Lesbia   Pues, ¿tú no echas de ver, boba,
                que me llevara el demonio?

Clori   La dueña que más se arroba,   520

	levantar un testimonio	
	puede, aunque pese una arroba,	
	con buena conciencia, a efeto	
	de enredar y de lucir	
	las tocas sin su buleto.	525
	¿Nunca has oído decir	
	desta quintilla el soneto?	
(Canta.)	Guardaos todos de una Urganda	
	que con blandas tocas anda,	
	porque de sus tocas sé	530
	que en el mar donde se ve,	
	son todas velas de Holanda.	
Lesbia	Es engaño manifiesto;	
	y algún ingenio molesto	
	ese romance escribió,	535
	y he de sacártele yo	
	de la memoria.	

(Salen Pocris, Filis y las damas.)

Pocris y Filis	¿Qué es esto?	
Lesbia	Clori, que riñe endueñada	
	porque, como dueña honrada,	
	te dije yo lo que vi.	540
Pocris	¿Por qué, Clori?	
Clori	Porque sí.	
Pocris	Esa es razón extremada.	
Clori	Y por esto y por aquello	

35

	y por lo otro, la decía	
	que ya que llegaba a vello	545
	era gran bachillería	
	que no se mirase en ello.	

Filis   Decía bien.

Pocris   No decía tal,
sino muchas veces mal.

Filis   Pues, sepa la causa yo   550
por que reñís.

Clori   Porque no.

Lesbia   Llamome una tal por cual.

Pocris   Yo, pues honrada me llamo,
haré que con un cordel,
cuando vuelva aquí al reclamo,   555
le den.

Filis   ¿Qué?

Pocris   Un pote con amo.

Filis   ¿Cómo?

Pocris   Como para él.
Que, pues a Mari Aura eché
de palacio, vengaré
mi enojo en este atrevido   560
que a mi jardín ha venido
tan sin qué ni para qué;

que sabiendo que vivía
yo en él, saliese y entrase,
sin que aun solo en cortesía   565
ni las manos me besase,
diciendo esta boca es mía.

Filis   La resolución alabo;
                 mas, si ausente a ella la advierto,
                 no se le dará a él un clavo   570
                 de entrar, y es al asno muerto
                 poner la cebada.

Pocris   Al cabo
                 de tu concepto estoy ya;
                 no le expreses, que será
                 muy inmundo a mis orejas.   575
                 Yo sabré vengar mis quejas
                 por aquí o por acullá;
                 y así, cuando aquesta noche
                 la sombra se desabroche,
                 le tengo de hacer cascar.   580
                 Sin «coche», no hay acabar
                 la copla: pues digo «coche».

(Vase.)

Filis   ¡Qué notables son mis penas!

Nise   Diviértate este pensil,
                 pues te ofrece a manos llenas   585
                 las flores de mil en mil.

Flora   Haz de aquestas berenjenas
                 un ramillete.

Nise	Arreboles
	allí hacen, con blando son,
	tulipanes y fasoles. 590
Filis	¿Qué son estas?
Flora	Coles son.
Filis	Y yo el alba entre las coles.
	¡No vi más cultos jardines!
Clori	Ven; divertirante ahora
	del estanque los confines; 595
	verás en ellos, señora,
	cómo nadan los rocines.
Filis	La gala ahora del nadar
	aumentará mis pasiones.
Nise	Pues ven hacia el palomar, 600
	que hay cría y verás sacar
	de sus huevos los lechones.
Filis	Nada me dará placer;
	todo, ¡ay amigas!, me enfada.
Flora	No es mucho, llegando a ver 605
	que una mujer encerrada
	es la más libre mujer.
Filis	Aquí, que el mayor farol
	hiere con blando arrebol,
	me siento.

Flora	¿Cantarán?

Filis	Sí;	610
	y tú...	

Clori	¿Qué?

Filis	Espúlgame aquí,
	porque sirva de algo el Sol.

(Siéntanse Filis y Clori, que hace como que la espulga, y cantan.)

Música	Al Sol, porque se durmiera,	
	le espulga Amor la mollera,	
	alumbrándole otro Sol;	615
	y fue girasol de un Sol otro Sol	
	para que nadie los viera.	

(Sale Céfalo por la boca de la gruta.)

Céfalo	¡Ce!

Clori	¿Quién llama?

Céfalo	A esa divina	
	beldad que despierta está,	
	decid que es mucha mohína	620
	que duerma, que es hora ya	
	de salir yo de la mina.	

Nise	Ya lo ha oído y se enternece.

Clori	No cantéis más, que parece

	que ya al sueño corresponde.	625

| Flora | Pues vámonos, porque adonde el Rey no está, no parece. |

(Vanse las dueñas. Queda Filis dormida y canta Céfalo.)

Céfalo	Que una boca me trague	
	y otra me escupa.	
	¿Quién creyera, madre,	630
	tan gran ventura?	
	¿Qué jardín es aqueste	
	donde he llegado?	
	Pero, ¿qué gana tengo	
	de averiguarlo?	635
	Sea donde se fuere,	
	¿no basta hallarme	
	orillitas del río	
	de Manzanares?	
	Y aún mayores prodigios	640
	mis ojos hallan	
	en el alamedita,	
	que no en el agua.	
	¿Qué deidad es aquesta,	
	cielos, que miro,	645
	al pasar el arroyo	
	del Alamillo?	
	Porque sus ojos bellos	
	mi alma no abrasen:	
	aires de mi tierra,	650
	venid, llevadme.	
	¿Si será deidad muerta	
	o mujer viva?	
	Venga el padre del alma	

que me lo diga.   655
¡Válgame el amor mismo
con qué donaire
duerme y ronca mi niña
y enjuga el aire!

(Canta Filis como en sueños.)

Filis   Acechando si duermo   660
                     y a ver si ronco,
                     hétele por dó viene
                     mi Juan Redondo.

Céfalo   Entre sueños canta
                     y a ella me llego,   665
                     porque vaya más cerca
                     del bien que dejo.

Filis   Cautelosos ahora
                     son mis ojuelos,
                     que parece que duermen   670
                     y están despiertos.

Céfalo   Puesto que no te sirven
                     de nada amores,
                     préstame tus ojuelos
                     para esta noche.   675

Filis   Acercándose viene
                     para mirarme;
                     hácelo de valiente,
                     Dios es mi padre.

Céfalo   Con las liendres parecen   680

sus rubias trenzas
de color de silicio,
blancas y negras.
Iris es de colores
su hermosa cara,   685
amarillas y verdes
y coloradas.
Y en las perfecciones
de toda ella,
como tiene la cara   690
la pascua tenga.
Brujuleados descubren
bellos celajes;
la calceta caída,
la pierna al aire.   695
¿Qué haré yo por servirte,
prodigio hermoso?

Filis   Hágame una valona
                 de requilorio.

Céfalo   ¿Qué es «valona»? Trairete   700
                 de todos cortes
                 rábanos y lechugas
                 y alcaparrones.

(Sale Pocris.)

[Pocris]   Tiende presto tu manto,
                 medrosa noche,   705
                 que me importa la vida
                 matar a un hombre.
[Aparte.]   Pero, ¡qué miro! ¡Cielos!
                 ¿Si este lo ha oído?

42

	Más valiera callarlo	710
	que no decirlo.	
Céfalo	Matar hombre dijeron...	
	Mas, ¡qué hermosura!,	
	púsoseme el Sol,	
	saliome la Luna.	715
Pocris	Pues, ¿qué hacéis, señor hidalgo,	
	aquí, y Filis a la mu?	
Céfalo	Esperar solo a que tu	
	belleza me dé con algo.	
Pocris	Mal de mi aliento me valgo;	720
	que al veros, de asombro llena,	
	¡qué horror!, ¡qué espanto!, ¡qué pena!,	
	si me diérades lugar,	
	me quisiera desmayar.	

(Desmáyase.)

Céfalo	Desmayaos en hora buena.	725
Filis	¿Desmayose esta señora?	
Céfalo	Sí.	
Filis	Pues, si se desmayó,	
	quiero ahora despertar yo.	
Céfalo	Despertad muy en buen hora.	
Filis	¿Qué entrada ha sido, traidora,	730

esta?

Céfalo   Si el saberlo os toca,
allá me tragó una boca
y acá me echó un agujero.

Filis   Digerido caballero
del vientre de aquesa roca,   735
¿cómo aquí entrasteis?

Céfalo   Así.

(Paséase.)

Filis   Así, no importa: si hubiera
sido entrar de otra manera,
os acordarais de mí.

Céfalo   Al sueño, señora, os vi   740
tan dulcemente rendida
que el alma, a vós ofrecida,
en viendo otra entre las dos
me quedé, como si no os
hubiera visto en mi vida.   745

Filis   Por cierto, que obliga
tanto esa lisonja,
caballero, como
si fuera otra cosa.
Y así, agradecerla   750
es lo que me toca,
con aconsejaros
que escurráis la bola;
porque si en sí vuelve

esa regañona,   755
que en la condición
es una demonia,
hará que un gigante
os pegue en la chola.
Y si os da una vez,   760
aqueso, per omnia;
porque es el mayor
pariente de todas
las nobles familias
de Mazas y Porras.   765
Y aunque hayáis venido
a ver a Aura hermosa,
quiero perdonaros
el venir por otra
estando yo aquí,   770
que no a todas horas
me duermo en las pajas;
harto he dicho, y sobra.
Idos norabuena;
temed que a deshora,   775
en estos jardines,
os halle la ronda
de aqueste gigante,
ya que mi piadosa
cortesía os dice   780
a voces sonoras:

(Canta.)   Caballero de capa y gorra,
guardaos de la...

Céfalo   Acorta,
cesa, no prosigas;
que cuando yo ahora,   785
por ti que lo mandas,

no huyera, señora,
solo huyera por
guardar mi persona;
porque dizque tengo   790
una vida sola,
y no hay quien me venda
en la tienda otra.
En cuanto a que busco
dama más hermosa   795
es, por esta cruz,
mentira tan gorda.
Y así, agradecido
a vuestras lisonjas,
quiero obedeceros,   800
que es lo que me toca.

(Vase.)

Filis   Excusad al eco
                 que otra vez responda:
(Canta.)   Caballero de capa y gorra,
                 guardaos de la...

Pocris   Acorta   805
                 el falso discurso;
                 pues, libidinosa,
                 la traición que haces...

Filis   Tú eres la traidora,
                 pues que te desmayas   810
                 y mayas a solas.

Pocris   ¿Quién era el que estaba
                 aquí?

Filis	¿Qué te enojas? Ahí era un amigo de cierta persona.	815
Pocris	¿Era hombre?	
Filis	No sé; porque no me informa del juego que tiene, si bien sé que roba.	
Pocris	Dime, ¿qué se hizo?	820
Filis	Fuese a cazar zorras.	
Pocris	Lesbia, Clori, Laura, Flora, Nise, ¡hola!	
Flora (Dentro.)	Pocris nos holea.	
(Salen todas.)		
Clori	Deidad de estas rocas, ¿qué mandas?	825
Lesbia	¿Qué quieres?	
Flora	¿Qué hay en la parroquia?	
Pocris	Un hombre que andaba aquí, ¿qué es dél?	
Nise	Sombras	

| | en el aire miras. | 830 |

| Flora | Berros se te antojan. |

| Clori | ¿Hombre aquí? Pluguiera
a nuestra... |

| Filis | Está loca;
no hagáis caso de ella. |

Pocris	Todas mentís, todas.	835
	Yo le vi; conmigo
	no ha de haber tramoyas;
	por señas que estaba
	(¡ay Dios, qué zozobra!)
	dando (¡qué desdicha!)	840
	con (¡qué carambola!)
	un dardo (¡qué susto!)
	en mí (¡qué pandorga!)
	como (¡qué presagio!)
	si diera (¡qué historia!)	845
	en real de enemigo.

(Vase.)

| Lesbia | Infanta... |

| Laura | Señora... |

| Clori | El juicio ha perdido. |

Filis (Aparte.)	No ha sido mamola.
	Un hombre aquí ha estado	850
	por señas notorias,

Clori; que los hombres
son lindas personas.

Fin de la primera jornada

Jornada segunda

(Salen el Rey, Antistes y criados.)

Rey	¡Qué grande carga es reinar!
Antistes	Séneca dijo que era el rey palanquín, pues come de traer cargas a cuestas.
Rey	Y más yo, que a cuestas traigo, 5 o a la silla de la reina o a la gigantilla, todo el gran lío de mis ciencias.
Capitán (Dentro.)	¡Plaza, plaza!
Rey	¿Qué es aquello?
Flora	Yo, señor, te lo dijera, 10 a saberlo; pero no lo sé, en Dios y en mi conciencia.

(Sale el Capitán.)

[Capitán]	Dame tu mano a besar.
Rey	Toma como me la vuelvas; porque esta es con la que como. 15
Capitán	Sí haré.
Rey	Pues dame algo en prendas.

Capitán	Estos presos.
Rey	No lo valen.
Capitán	Pues doyte encima esta presa.

(Saca a los cuatro presos.)

Rey	Tanto me darás, que diga: «Arrebózate con ella».	20
Capitán	En tu nombre, gran señor, eché la red.	
Rey	¿Barredera?	
Capitán	Sí, pues que pescó basuras.	
Rey	¡Vós sois una gentil pesca! Las cáscaras de las caras les quitad, que quiero verlas.	25
Aura	No veas, señor, la mía.	
Rey	¿Pues por qué?	
Aura	Porque es vergüenza.	
Antistes	Y aun desvergüenza. Mari Aura, ¿vós como galeota presa entre aquestos calafates?	30
Rosicler	Honradme de otra manera; que puesto que puedo hablar	

52

con la cara descubierta,
sabed que de Picardía 35
rey soy.

Rey   No le vilipendas,
que aquí es menester valor.

Antistes   Aquí es menester prudencia.

Rey   ¿Tú de mis reinos adentro?

Antistes   ¡Tú de mis puertas afuera! 40

Rosicler   Sí señor, que por capricho
camino de tierra en tierra
como mujer desdichada.

Aura   Yo como hombre sin vergüenza
a la flor del berro ando. 45

Rey   ¡Qué sentimiento!

Antistes   ¡Qué pena!

Rosicler   Un borrico en que venía,
por venir a la ligera,
sin saber lo que se hizo
se desbocó entre unas peñas. 50

Rey   No me espanto, porque son
los borricos unas bestias.

Aura   Pocris, solo porque supo
que el Príncipe sale y entra

	en su palacio, me echó	55
	dél, sin querer hacer cuentas	
	del tiempo que la he servido.	

Antistes   Las Pocris son unas puercas.

Rey   ¿El Príncipe en el palacio
a ti ha entrado a verte?

Aura   Etiam.   60

Rey   ¿Y tú la hallaste en el monte?

Rosicler   Concedo la consecuencia.

Rey   Grande mal hay aquí, Antistes,
en un tris Aura está puesta.

Antistes   Pues el médico en un tras   65
de cámara a verte venga.

Rey   ¿Adónde el Príncipe está?

Capitán   No parece.

Rey   Que parezca;
pregónenle y den de hallazgo
diez maravedís de renta,   70
o sáquensele por hurto
a cualquiera que le tenga;
y en pareciendo, le pongan
una corma en cada pierna
porque otra vez no se vaya   75
por novillos a la dehesa.

Capitán	Pasquín dirá dél.

(Sale Pasquín.)

[Pasquín]	Mejor lo dirá Aura, pues con ella le dejé anoche.
Aura	Es mentira; y aquí la coartada entra, 80 que anoche me vieron todos remendar unas soletas, por no llegar despeada, gran señor, a tu presencia.
Rey	¡Qué virtud!
Antistes	Desde chiquita 85 supo hacer bien sus haciendas.
Rey	¿Es esto así?
Todos	Sí, señor.
Rey	Pues, isus! y hacia otra materia. Volvamos a la maraña: ¿por dónde entra y sale apriesa 90 el Príncipe en el palacio?
Aura	Por la bocamanga entra, y por el cabezón sale, si es que es camisa una cueva.

Rey	Con eso tendrá unos flatos,	95
	y gastaré yo mi hacienda	
	en curarle. Mas, ¡ay! ¡Que hay	
	más mal en el aldehuela	
	que suena! Pasquín...	

Pasquín   Señor...

Rey	¿Anoche el Príncipe a verla	100
	entró?	

Pasquín   Y no salió.

Rey   Según
eso, allá está.

Pasquín   Por la cuenta.

Rey	¡Qué desdicha si él ha visto	
	que son sus hermanas hembras	
	tan bellas! Ir en persona	105
	me importa al instante.	

Flora   Espera.
¿Qué carruaje pondrán?
¿El chirrión o la litera?

Rey	No estoy para carruaje;	
	quien va con cólera y priesa,	110
	bastarale ir pian, pian.	
	Cantando desta manera	
	las tres anaditas, madre,	
	pienso llegar a sus puertas	
	en un santiamén. Seguidme	115

	todos dejando suspensa	
	esta acción para después.	
	Venga conmigo Tu Alteza.	

Rosicler   No señor, no he de pasar.

Rey   Es obligación y deuda;   120
que una cosa es ir a pie
y otra no ir con la decencia
que a príncipes extranjeros
se debe.

Rosicler   Esto es obediencia.

Tabaco   Defectos somos los dos   125
desta gente hoy.

Pasquín   ¿De qué, bestia,
lo has inferido?

Tabaco   De que
nadie de los dos se acuerda

(Vanse.)

Rey   Antistes...

Antistes   Señor...

Rey   Vuestra hija
la causa es de toda esta   130
carambola.

Antistes   Ya lo veo.

Rey	Pues dadla...
Antistes	¿Qué?
Rey	Una fraterna.
Antistes	En la comedia de ayer no se hizo.
Rey	Que se haga en esta. ¿Hay más de pedir prestado 135 ese paso a otra comedia?

(Éntrase el Rey y criados.)

Antistes	Las palabras de los reyes son balas de pieza gruesa: pues fraterna y a ello. Aura, ¿dónde vas?
Aura	Voy a irme.
Antistes	Espera, 140 hija aleve, ingrata hija, hija en efecto de aquella bellaca, tu santa madre, que Dios en el cielo tenga; que primero que te vayas 145 he de hacer una experiencia yo de cuánto valgo yo.
Aura	¿Qué haces?

Antistes	Cerrar esta puerta.
	Bien ves las revoluciones
	que ha causado tu belleza... 150
Aura	Pues, ¿qué hay para eso?
Antistes	Hay
	tomarte la residencia
	del tiempo que has gobernado
	del Príncipe las ausencias.
	¿Qué hay aquí?
Aura	Que como había 155
	de dar...
Antistes	¿En qué?
Aura	En comer tierra,
	dio en quererme.
Antistes	¿Y tú en qué diste?
Aura	En amarle.
Antistes	Tómate esa.
Aura	Hame dado una palabra.
Antistes	¿Qué te ha quitado por ella? 160
Aura	Solo el honor.
Antistes	¿No más?

Aura	No.

Aura	Me cautiva esa modestia;	
	que si hubiera hecho contigo	
	alguna cosa mal hecha,	
	vive Dios que hiciera... Pero,	165
	¿qué sé yo lo que me hiciera?	
	Y así, aunque indignado estaba,	
	tanto mi cólera templas	
	que te he de dar a escoger	
	si quieres morir con esta	170
	daga o con este veneno.	

Aura	¿Dónde está?

Antistes	En la faltriquera.

Aura	¿Tan prevenido venías?

Antistes	¿Qué padre que honor sustenta	
	y tiene sangre en el ojo,	175
	pelo en pecho y canas peina,	
	puede andar sin un veneno	
	teniendo una hija doncella	
	que la pesa el serlo tanto	
	que parece que se huelga?	180

Aura	Padre, señor, yo... si... cuando...

Antistes	No me hagas ya pataletas	
	ni carantoñas ni esguinces,	
	sino escoge como en peras,	
	en muertes. Dime pues, ¿qué	185
	te agrada?	

Aura	Ninguna dellas;
	porque ninguna es airosa.

Antistes	Luego airosa muerte esperas.	
	Ya eso es mucha gollería;	
	y al caballo del rey, piensa,	190
	que no hacen más que ponelle	
	delante el manjar; alienta,	
	que no te hemos de rogar	
	nosotros que tú te mueras:	
	daga o veneno me fecit.	195

Aura	¿No hay remedio?

Antistes	Ni remedia.

(Saca Antistes un frasco pequeño, se le da, y ella hace que bebe.)

Aura	Pues padre y señor, si tanto
	la dificultad aprietas,
	brindo a la muerte.

Antistes	Yo haré	
	la razón cuando se ofrezca.	200
	Mas, ¡ay de mí! ¿Lo bebiste	
	todo?	

Aura	Todo.

Antistes	¡Ha, galamera!

Aura	¡Y me voy muriendo ya!

Antistes	No hayas miedo que te veas
	en ese espejo; que solo 205
	un poco de hipocrás era
	que yo para mi regalo
	tomé ahora de una despensa.
Aura	Pues, ¿es bueno andar haciendo
	burla de mí?
Antistes	Hícelo, necia, 210
	por hacerte regañar,
	que no porque tú merezcas
	morir de veneno; y pues
	hemos llegado a esta selva...
Aura	¿A qué selva? ¿No quedamos 215
	en palacio y esa puerta
	cerraste?
Antistes	¿No basta ser
	tan golosa y tan resuelta,
	sino poner objeciones,
	tan crítica y bachillera? 220
	¿Quién os mete en eso a vós?
	Para llegar donde quiera,
	¿no basta que yo lo diga?
Aura	Perdona mi inadvertencia.
Antistes	Pues hemos llegado, digo, 225
	con el Rey hasta las puertas
	de palacio, desde aquí
	veamos la escarapela
	en qué para; que si el daño

que has hecho no tiene enmienda,   230
o tengo de andar yo a zurdas
o tú has de andar a derechas.

(Salen el Rey y los demás.)

Rey   ¡Que canse el andar a pie!

Rosicler   En mi vida lo creyera.

Rey   Pues creedlo de aquí adelante.   235

Rosicler   Tendrelo por cosa cierta.

Antistes   Todos estamos acá.

Rey   Antistes, ¿con tanta priesa?

Antistes   Como Aura anda despacio,
                    tomamos la delantera.   240

Rey   ¡Fuerte razón! ¿Vós sois Aura?

Aura   Sí, señor.

Rey   Pues para esta.
                    Todos allí os retirad;
                    llegaré solo a esas puertas.
                    ¿Ha del palacio?

(Gigante dentro.)

Gigante   ¿Quién llama?   245

Rey	Atollite portas vestras.
Gigante	El Rey es que, como es docto, sabe latín. Bene venias.
Rey	Pues no vengo sino malo.
Gigante	¿Qué traes?
Rey	Ando de pendencia.
Gigante	Gran señor...
Rey	Chico gigante...
Gigante	¿Con quién?
Rey	Con vós.
Gigante	Pues, ¿qué queja tienes de mí?
Rey	Dos o tres.
Gigante	¿Cuáles son?
Rey	Es la primera esta, y la segunda la otra, y la tercera es aquella.
Gigante	Ahora echo de ver que tiene la razón notable fuerza.
Rey	Mal guardas mi honor.

250

255

64

Gigante	Así guardara los días de fiesta. 260
Rey	Pues, ¿cómo un hombre está ahí dentro?
Gigante	No está, que anoche entró apenas a buscar el aleluya cuando halló el requiem eternam.
Rey	¿Qué dices, bárbaro?
Gigante	Digo, 265 señor, que esta maza mesma fue su maza doctoral, pues le batané con ella.
Rey	¿No viste que era mi hijo?
Gigante	Estaba a escuras, Su Alteza. 270
Rey	¡Grande descuido de mozo fue entrar sin una linterna!
Gigante	De noche todos los reyes son pardos.
Rey	Esa sentencia te disculpa. Pero, ¿cómo 275 le diste?
Gigante	Desta manera.

(Levanta la maza.)

Rey	La noticia me bastara
	sin llegar a la experiencia.
	Mas, ¿cómo yo no me muero?

Gigante	Como tienes la mollera	280
	más cerrada que tu hijo.	

Rey	Es verdad; que como era	
	mi hijo príncipe faldero,	
	siempre se la tuvo abierta.	
[Alto.]	Vasallos, mi hijo murió	285
	anoche.	

Todos	Sea enhorabuena.

Rey	La lealtad os agradezco
	con que sentís mis tristezas.
[Al Gigante.]	¿Dónde le echaste?

Gigante	A perder	
	le eché por entre esas breñas.	290

Rey	Buscadle, mas no le echéis
	la corma ya, aunque parezca.

Aura	¿El Príncipe ha muerto?¡Ay triste!

Antistes	¿Qué es esto, Aura?

Aura	La cabeza
	se me anda.

Antistes	El hipocrás	295

66

| | se te habrá subido a ella. | |
| (Cae desmayada.) | Desmayose entre mis brazos. | |

Rey   ¿Qué es esto?

Antistes   Una borrachera
en que ha dado esta rapaza;
y así, con vuestra licencia,   300
la quisiera despeñar.

Rey   Pregunto yo, ¿es mi hija o vuestra?
Vós podéis de vuestra hija
hacer un sayo...

Antistes   Pues ea,
muerte quiero darla airosa   305
porque todo el mundo vea
mi valor. Yo te la entrego,
aire, para que se entienda
que los castigos de un padre
siempre en el aire se quedan.   310

(Hace que la arroja, y vuela Aura.)

Rey   ¿Hasla despeñado ya?

Antistes   Sí, señor.

Rey   Pues id apriesa
a detenerla.

Antistes   Es en vano,
pues ya desollando queda
la zorra porque otra vez   315

	a enojaros no se atreva.	
Rey	Muy bien empleado está; mas buscadla porque tenga sepulcro.	

(Sale el Capitán.)

Capitán	Muertos ni vivos no parecen tu hijo ni ella.	320
Rey	¡Qué se me da a mí! Mas, quiero que se me dé. Deidad bella de doña Ana, ¿qué se han hecho los dos?	
[Una] (Dentro.)	Ya te doy respuesta.	325
Música (Dentro.)	Vengan noramala, noramala vengan, a ser jazmín él y a ser aire ella; que pues quiere Ovidio que aquesto suceda, vengan noramala, noramala vengan.	330
Rey	Todo es prodigios el día.	

(Dentro unos.)

[Unos]	¡Viva Pocris!	
Otros (Dentro.)	¡Pocris beba!	335

Rey	¿Qué es eso? ¿Hase convertido
	otro a la fe destas selvas?
	¿Qué hay, Flora?

(Sale Flora.)

[Flora]	Escúchame atento.
Rey	Ya vendrás con una arenga.
Flora	El pueblo, viendo que falta...	340
Rey	No me quebréis la cabeza.
	¿Es más de que pide el pueblo
	que estas dos hijas doncellas
	es hora que salgan deste
	San Juan de la Penitencia	345
	a tomar estado?
Flora	No.
Rey	Pues callad y estadme alerta:
	buscadme el hombre más rico
	que todo el concurso tenga
	de la gente que me escuche.	350
Flora	Allí miro a un grande bestia
	rascarse hacia los calzones;
	yo le traeré a tu presencia.
Capitán	Si dice «el hombre más rico»,
	¿no echas de ver cuánto yerras?	355

Flora	Pues, ¿qué más rico que aquel que tanta gente sustenta, y el día que la despide hace en la uña la cuenta?
Rey [Al Capitán.]	Lo entendiste. Ve tú y trayle 360 en camisa.
Capitán	Está muy puerca.
Rey	¿Hase de acostar conmigo?
Capitán	No señor, pero pudiera.
(Vase.)	
Antistes	Cosas son estas que miro que pienso que no son estas. 365
Rey	Tú, gran rey de Picardía, libre estás con toda entera tu familia.
Pastel	Familiar soy suyo por mar y tierra.
Tabaco	Yo también.
Rosicler	¿Por qué, señor, 370 tan sin tiempo ahora me sueltas?
Rey	Siempre suelto yo sin tiempo.

Rosicler	Dios te guarde.

Capitán	Aquí está.
[A Céfalo.]	Llega.

(Saca el Capitán a Céfalo medio desnudo.)

Céfalo	¿Qué delito es espulgarse	
	uno, para que le prendan?	375
	¿Ser piojicida es pecado?	
	¿Tengo de llevar camuesas	
	yo, ni priscos ni bellotas?	
	¿Quién mandó que me prendieran?	

Rey	Yo.

Céfalo	¿Por qué?

Rey	No me faltaba	380
	más que daros a vós cuenta	
	de mi galante capricho.	

Tabaco	¿Por qué quién es no revelas?

Rosicler	Porque la mosca, Tabaco,	
	en boca cerrada no entra.	385

Pastel	Mi amo es; pero callaré.

Rey	Ponedle a ese hombre una venda
	en los ojos.

Capitán	No la hay.

Rey   Sea una banda.

Flora   ¿Qué es della?

Rey   Dad vós un pañuelo.

Rosicler   Está   390
                 mi ropa en la lavandera.

Rey   Venga el vuestro.

Antistes   Siempre yo
                 me sueno desta manera.

(Suénase con los dedos.)

Rey   En fin, ¿he de dar yo el mío
                 aunque tan delgado sea?   395
                 Tomad, cubridle la cara.

Flora   Grande es, pues ya está cubierta.

Rey   Retiraos todos.
[Al Gigante.]   (Y tú,
                 monstruo horrible, inculta fiera,
                 no te vea más).
[A Céfalo.]   Tú, ven   400
                 conmigo.

Céfalo   ¿Dónde me llevas?

Rey   ¿No lo ves? A jugar un
                 rato a la gallina ciega.

(Vanse el Rey y Céfalo.)

Gigante	¿Que desprecie mis servicios el Rey de aquesta manera?	405

Rosicler   Y aun que los vacía parece
mucho más que los desprecia;
que no hueles bien, Gigante.

Gigante   Quien huele más es quien tiembla.

Rosicler   Pues yo debo de ser ese,   410
que tiemblo al ver tu presencia.

Gigante   Todos habéis de temblar
a puto el postre, que empieza
mi cólera a enfurecerse.

(Da tras ellos.)

Rosicler   ¡Huye, Tabaco!, ¿qué esperas?   415

Capitán   ¡Huye, Pastel!

Flora   Pasquín, ¡huye!

(Vanse.)

Antistes   Para el diablo que le tenga.

(Vase.)

Pastel   ¿Qué es huir? ¡A defenderos!

Tabaco	No huyen hombres de mis prendas.

Gigante	Llevado por cortesía	420
	soy gigante de la legua;	
	y así, adiós, hasta más ver.	

Los dos	Pues adiós, hasta la vuelta.

(Vanse, y salen Pocris y Filis.)

Pocris	El Rey a palacio vino,	
	y sin ver nuestros regalos	425
	se fue.	

Filis	¿Sabes qué imagino?	
	Que al ánsar de Cantimpalos	
	le sale el lobo al camino;	
	y sin duda a él le salió	
	pues sin vernos se volvió.	430

Pocris	Aunque esa es razón aguda,	
	quien se muda Dios le ayuda;	
	y él, así como llegó,	
	no viendo la puerta abierta,	
	a volverse se resuelve	435
	por no hacer, es cosa cierta,	
	más que el diablo, pues a puerta	
	cerrada el diablo se vuelve.	

Filis	Con todo eso, que él ahora	
	sin vernos se vaya, es bien	440
	sentir.	

Pocris	¿Por qué?

74

Filis	Eso se ignora; porque a ojos que no ven, hay corazón que no llora.
Pocris	Yo me holgara que informado fuera que al enamorado 445 de Aura zurré la badana, pues que vino aquí por lana para volver trasquilado.
Filis	Yo sintiera que a saber llegara su proceder. 450
Pocris	Yo me holgara.
Filis	¿Por qué necia?
Pocris	Porque, en quien de rey se precia, más vale saber que haber.
Filis	Luego, ¿tú de aquesta historia mal contenta estás?
Pocris	Es cierto, 455 porque al principio es notoria cosa que se hace el pan tuerto.
Filis	Y al fin se canta la gloria. Yo estoy triste de esa extraña tragedia.
Pocris	Hablemos las dos. 460

Filis	Callar toca a la maraña.
Pocris	A quien no habla, no oye Dios.
Filis	Quien calla, piedras apaña.
Pocris	Pues aunque ocultos están, tus pesares se sabrán. 465
Filis	No harán, si mi llanto enjugo.
Pocris	Yo vi azotar al verdugo.
Filis	Yo, enterrar al sacristán.

(Salen Clori, Lesbia, Nise y Flora.)

Clori	El Rey, señora, ha venido.
Lesbia	El Rey, señora, ha llegado. 470
Nise	El Rey aquí se ha metido.
Flora	El Rey hasta aquí se ha entrado.
Pocris	Catorce de reyes pido.
Clori	El Rey viene a verte hoy.
Lesbia	El Rey por nuevas te doy que llega. 475
Flora	El Rey está aquí.

Nise	El Rey...
Lesbia	Calla, que sin ti a treinta con rey estoy.

(Sale el Rey con Céfalo, vendado el rostro.)

Céfalo	¡Oh, yo estoy sin juicio y loco dentro de alguna espelunca!	480
Rey	Tarde estos umbrales toco.	
Pocris	Más vale tarde que nunca.	
Filis	Nunca mucho costó poco.	
Rey	¿Cómo estáis las dos?	
Pocris	Señor, con salud y sin dolor.	485
Filis	Claro está, con vuestro amparo.	
Rey	Pues como todo esté claro, dos higas para el dotor.	
Céfalo	Aunque ciego aqueste lazo me tiene con embarazo, bien veo dónde estoy yo; que harto ciego es el que no ve por tela de cedazo.	490
Pocris	¿Qué intento ha sido traer vendado este hombre contigo?	495

Filis	¿No lo podemos saber?
Rey	De ver y creer soy amigo;
	y así, hijas, ver y creer:
	viendo que carnestolendas
	son para que se hagan rajas
	estas tocas reverendas,
	por quitarlas de barajas
	y meterlas en contiendas,
	que le corran a carreras
	como a gallo destas eras,
	quiero.
TodaS	¿Nosotras?
Rey	Vosotras;
	pero entre aquestas ni esotras,
	hijas, ni en burlas ni en veras
	le veáis las dos. Con osado
	brío jugad, que retirado
	yo espero.
Filis	¿Qué solicita
	tu intento?
Rey	Ver que quien quita
	la ocasión, quita el pecado.
Pocris	No te entendemos, señor.
Rey	Vencer pretende mi amor
	de vuestro hado los influjos:
	no os metáis ahora en dibujos

500

505

510

515

y manos a la labor.

(Vase el Rey, toman Todas reguiletes y dan carreras.)

Lesbia   Tomad las dos, y dejada
la altivez, de fiesta va.   520

Pocris   Va, aunque estoy algo estropeada.

Todas   ¡Al gallo, al gallo!

Céfalo   Eso es a
moro muerto gran lanzada.

Clori   La que tú puedas coger,
llegándola a conocer,   525
se quedará en tu lugar.

Céfalo   Pues esta quiero agarrar.

Nise   ¿Quién soy?

Céfalo   Déjamelo ver.

Pocris   Por señas ha de ser eso.

Céfalo   Pues que ya lo sé confieso: 530
dueña es.

Lesbia   ¿Qué razón te enseña,
si estás vendado, que es dueña?

Céfalo   Las tocas, ¿qué hay para eso?

Pocris	Hombre, verte determino.
Filis	Yo también, aunque seas feo.

535

Pocris	¿Sabes quién somos, mezquino?
Céfalo	(Quítase la venda del rostro.) Lo que con los ojos veo con el dedo lo adivino.
Pocris	¿Qué es lo que llego a mirar? ¿No eres el que hice matar anoche?

540

Céfalo	No, reina mía, que no es para cada día morir y resucitar.
Filis	Luego así, ¡ventura rara!, no te dieron en la cholla, volviendo aquí a ver mi cara.

545

Céfalo	No, porque cada día olla, señora, el caldo amargara.
Pocris	Tu vista me causa horrores.
Filis	A mí, gustos.
Céfalo	Los cuidados templad; que hacer son errores de un camino dos mandados ni servir a dos señores. Si la una al verme se muere

550

y si la otra me quiere,   555
repartid el bien y el mal,
y tome cada una al
pecador como viniere.

(Sale el Rey.)

[Rey] [Aparte.]   (¡Ya le han visto y él las vio!)
                    ¿Cómo, habiendo dicho yo   560
                    que no le veáis?

Filis   Oye...

Rey   Di.

Filis   Amor me dice que sí
                    y tú me dices que no.

Rey [Aparte.]   (Esto es lo que pretendí,
                    mas reñirelo.) ¿Que así   565
                    guardáis lo que mando yo?

Pocris   Pues el amor me engañó,
                    duélete, mi bien, de mí.

Rey   Dolerme quiero, y venir
                    podréis conmigo a llorar,   570
                    pero quiéroos advertir
                    que una cosa es el salir
                    y otra cosa es el entrar.
                    A que os den los aires vamos.

Pocris   ¡Qué contento!

Filis	¡Qué pesar!	575

Rey	Cantad.

Lesbia	Mucho de oíros holgamos.

Clori	Pues, ¿qué habemos de cantar?

Rey	Aquel tono de los gamos.

(Vanse el Rey y los demás, y cantan dentro.)

Música	Madre la mi madre:	
	guardas me ponéis;	580
	que si yo no me guardo	
	mal me guardaréis.	

(Salen Antistes, el Capitán, Rosicler, Pastel y Tabaco.)

Antistes	¿Cuando esperábamos llantos,
	cantos se oyen en las rocas?

Rosicler	Aqueso no os cause espantos:	585
	deben de salir las locas	
	pues salen tirando cantos.	

Capitán	Ya el Rey y sus hijas bellas
	se ven.

Pastel	¿Si serán doncellas?

Tabaco	Su confesor lo sabrá.	590

Pastel	Mi amo también, porque está

                              hecho siempre un perro entre ellas.

Rosicler   ¿Cómo, alma, no solemnizas
                              ver la que pudo abrasarme
                              hecho el corazón cenizas?   595
                              Pero para declararme
                              más días hay que longanizas.

(Vuelve el Rey y todos.)

Rey   Vasallos, deudos y amigos,
                              cuya lealtad y virtud
                              canta el Sol por fa, mi, re,   600
                              la fama por ce, fa, ut;
                              ilustre nobleza y plebe,
                              que al brindis de mi salud
                              agotárades ahora
                              aun la cuba de Sahagún: 605
                              Pocris y Filis, mis hijas,
                              son esta luz cuya luz
                              hoy se sale a dar un verde
                              con todo ese cielo azul.
                              La causa por que las tuvo   610
                              mi doctísimo testuz
                              encerradas hasta ahora
                              en aquesa esclavitud
                              escuchad todos atentos,
                              con silencio y con quietud,   615
                              sin hablar y sin chistar
                              y sin decir tus ni mus.
                              Ya sabéis que yo inclinado
                              fui desde mi juventud
                              a las letras, estudiando   620
                              todo el ban, ben, bin, bon, bun,

hasta el Arte de Nebrija
y las tablas del Talmud,
sin dejar astro con quien
no anduviese a tú por tú.   625
Esa república hermosa
de estrellas patria común,
obediente a mis preceptos,
hace a mis líneas el buz,
sin quedarme estrella en todo   630
ese azulado betún
que al andar las suertes no
me tenga por su tahúr.
Pues siendo así, el infelice
día que nacieron de un   635
parto aquestas doncellitas,
entre mí dije: «Ahora isus!,
sepamos qué es de su vida».
Y con gran solicitud
por levantar la figura   640
mayor que mi ingenio sup,
me levanté de la cama
y fuime a caza al Paúl,
en cuya gran soledad,
al pie de un almoraduz   645
que a su sombra alimentaba
juncias, berros y orozuz,
me aproveché de mis ciencias,
que con grande prontitud
me dijeron todo esto   650
(memoria, ayúdame tú):
«Esas dos bellezas raras
o han de morir presto o
por ellas sucederán
grandes daños en Irún;   655

porque la una al primero
hombre que en su juventud
vea le ha de dar las llaves
de su viviente baúl;
y la otra, al primero que a ella   660
la vea con su inquietud
amorosa, le ha de hacer
que hable el buey y diga «mu».
No parando aquí el agüero
pues pasa su ingratitud   665
a que, siendo una Jarifa,
muerte la dé su Gazul;
y Angélica, la otra, mate
su Medoro Ferragús».
Yo, pues, viendo que nacía   670
tan fatal su dinguindux,
que era su vista primera
para sus designios flux,
dije, como jugador
de manos: «Quirlinquimpuz,   675
¿veislas? Pues ya no las veis».
Y en las orillas del sur
las hice de cal y canto
ese dorado ataúd;
porque en fin es menor daño   680
de mis desdichas y sus
influjos que mueran vivas
que no que en mi senectud,
diciendo el cuervo «cras-cras»,
diga el cuquillo «cu-cu».   685
Con este intento, guardadas
las tuvo mi rectitud
donde nada las faltó;
dígalo la promptitud

de su servicio: ¿qué tortas   690
no las traje de Gandul?,
¿qué melones de Guadix?,
¿qué conejos de Adamuz?,
¿qué perdices de Berfox?,
¿qué miel de Calatayud?,   695
¿qué esperiegas de Aranjuez
ni qué pimienta de Ormuz?
¡Hasta traerlas de Argel
alcotanes y alcuzcuz!
Pero ya que la Fortuna,   700
deidad sin consejo algún,
ha dispuesto los acasos
de suerte que ese avestruz
digirió a mi hijo, quedando
tendido como un atún,   705
al convertirle en jazmín
sin poder en altramuz,
quiero los inconvenientes
de las dos sanear según
buen arte de medicina;   710
y es que, pues vino aquí a espul-
garse este hombre y vio a las dos,
le demos ahora una zurr,
pues muerto él, las dos se quedan
seguras de no ser pu-   715
ercas. Pero, ¡tente lengua!,
que en lo infiel eres Dragut.

Céfalo   ¿Y es justo, señor, que muera
                  un inocente por un
                  galante capricho?

Rey   Sí.   720

Céfalo	¿Jurado a Dios?
Rey	Y a esta cruz. ¡Llevadle de aquí!
Filis	Esperad, señor. Fía en mi virtud, que sin que cueste una vida aseguras tu quietud:
Rey	Ya te conozco, que tú lo dices mas no lo haces; a perro viejo no hay tus.
Pocris	Bien dices: muera, señor. ¡Despeñadle, multitud, adonde se haga pedazos pero no otro daño algún!
Céfalo	En fin, ¿me han de dar la muerte?
Rey	¿Preguntara más Artús? Pues, ¿qué queríais que os dieran, alfajores y alajú? Idos a morir si no queréis que os maten.
Céfalo	Voy pues no tengo quien me defienda.
Rosicler	¡Sí tienes! Plebe común, ¡dejadle!

725

seré desde aquí una santa.

730

735

740

Rey	¿Quién es aquel que se me opone?
Rosicler	Ego sum.
Rey	Pues, ¿quién te mete a ti en eso?
Rosicler	Haber nacido andaluz 745 y estar en mí todo Osuna.
Céfalo	Pues con ese archilaúd, entonando por natura, cantando por ce, fa, ut, mueran estos, que no son 750 gigantes.
Rey	¡Jesús, Jesús, qué bobería! ¡Matadlos!
Todos	¡Mueran los dos!

(Llévanlos.)

Céfalo	Poco tus barahúndas nos dan pena.
Pastel	Señor, mira que este albur 755 que salió a tierra del mar en un delfín o laúd es el rey de Trapobana.
Rey	Pues no los matéis.

Filis	Ve tú a socorrerlos.
Rey	Ya voy. 760
Pocris	No vayas.
Rey	No voy aún.
Filis	¡Dales vida!
Pocris	¡Dales muerte!
Rey	Conformaos; que estoy un sus de creer que sois, las dos, dos hijas de Bercebú. 765

Fin de la segunda jornada

Jornada tercera

(Salen el Rey, Céfalo, Pocris, Filis, Rosicler y los criados.)

Rey   Ya que el pasado alboroto
a paces se ha reducido,
pues ando rotivestido,
andar quiero manirroto
con vós. Y aunque el ser, creed,   5
piadoso es virtud moral,
hoy quiero hacerla «peral»:
como en peras escoged
entre esas dos hijas bellas;
y dando al amor tributo,   10
vaya el diablo para puto
y casaos con una de ellas.

Céfalo   Con eso todo el enojo
me quitáis, andando franco;
pero mi discurso es manco   15
con aquella que no es cojo.
Y así, porque de mi arrobo
no se quejen, ni de vós
ad invicem, con las dos
me casaré...

Rey   ¡Cómo, bobo!   20

Céfalo   ...para que ninguna caiga
en el desaire que tray
dejarla.

Rey   Para eso no hay
dispensación.

Céfalo	Que la hayga.

Rey	No es posible: una en rigor,	25
	y brevemente, escoger	
	podéis.	

Céfalo	¿Y no podrá ser	
	especialmente, señor?	
	¿Qué hombre compra una tinaja	
	que antes de dar lo que vale	30
	no la mire si se sale?	
	¿Qué hombre a una bodega baja	
	a concertar algún vino	
	que antes que a casa le lleve	
	si es bueno o malo no pruebe?	35
	Melón compra y es pepino	
	el que calarle no quiera.	
	Y en fin, ¿quién da su dinero	
	por un potro que primero	
	no repase la carrera?	40

Rey	Decís bien: despacio vellas
	es acertado consejo.
	Vamos de aquí. Ahí os las dejo:
	aveníos bien con ellas.

(Vase.)

Rosicler	Antes que escojas, contigo	45
	tengo un empeño.	

Céfalo	¿Cuál es?

Rosicler	Yo te lo diré después.
Céfalo	Tu Inés soy.
Rosicler	Eres mi amigo.
(Vase.)	
Céfalo	A veros me quedo; y
	digo que nadie se enoje. 50
Pocris	¡Ay de mí si a mí me escoge!
Filis	¡Ay si no me escoge a mí!
Céfalo	Según la razón me enseña
	en una duda tan honda,
	Filis es carirredonda, 55
	Pocris es cariaguileña.
	Y si el moño, que tal vez
	suele engañar, no me engaña,
	Filis es pelicastaña
	y Pocris es pelinuez. 60
	En sus barnizados mapas
	tienen los ojos ingratos,
	la una de arrebatagatos,
	la otra de arrebatacapas.
	Uno mismo es el barniz 65
	que la superficie toca,
	cada una tiene su boca
	y cada una su nariz.
	Los talles ambos son buenos,
	chico con grande. Tú estás 70
	diciendo: «Del bien, el más».

Tú dices: «Del mal, el menos».
Esto está visto: ¡hola aquí!,
¡ropa fuera!

Pocris   ¡Error cruel!

Filis   Pues, qué es lo que intentas di.   75

Céfalo   Regatearos hasta el
                último maravedí.

Pocris   No puede eso hacerse.

Filis   Yo
                digo que se puede hacer.

Céfalo   ¿O me dan o no a escoger?   80
                ¿O me he de casar o no?
                Los adornos más nocivos
                siempre de la voluntad
                son mentira, y la verdad
                ha de andar en cueros vivos: 85
                la verdad quiero saber.

Filis   Yo te la diré.

Pocris   No yo.

Céfalo   ¿O me he de casar o no?
                ¿O me dan o no a escoger?

Pocris   Desde el punto que te vi   90
                te aborrecí de manera
                que, porque es blanca, no diera

94

mi mano por todo ti.
Filis es más cariñosa:
ella la duda concluya;   95
que para ser cosa tuya
es buena; mas yo no es cosa.

Filis   Basta, basta, Pocris bella,
                 que no está en corte ni en villa
                 mi hermosura en la capilla   100
                 para demandar por ella;
                 que si el alma como boba
                 le di a Céfalo, sabré
                 quitársela ahora aunque
                 me naciese una corcova.   105

Pocris   Yo no quiero que me quiera.

Filis   Yo sí quererle, que es más.

Pocris   Para mí es un fierabrás.

Filis   Para mí es un «bras sin fiera».

Pocris   Pocris soy, y porquería   110
                 será el elegirme hoy.

Filis   Por eso que Filis soy,
                 y será filatería.

Céfalo   ¿No miran vuestros pesares
                 que entre damas de copetes   115
                 no hubo dimes y diretes
                 sino dates y tomares?
                 Arañaos y no os habléis

las dos de tales maneras;
que parecéis verduleras.   120

Pocris   Decís bien.

Filis   Razón tenéis.

Pocris   Hoy tengo de ser tu parca.

Filis   Veámoslo.

Céfalo   Esperad, que quiero
medir las armas primero.
Estas son uñas de marca;   125
estas algo más garduñas.

Filis   Presto a cortarlas me obligo.

Pocris   ¿Con quién?

Filis   Contigo.

Pocris   Conmigo
nadie se corta las uñas.
Y esa es otra nueva queja: 130
ya el dolor las mías aguza.

Céfalo   ¡Ea Pocris!, ¡zuza!, ¡zuza!
¡Ea Filis, a la oreja!

Filis   Llega, pues.

Pocris   Llegaré, pues.

(Repélanse, quitándose los moños, y sale Pastel.)

Pastel	¿Dos infantas se han de asir?	135
Céfalo	Déjalas, que esto es reñir cada uno como quien es.	
Pocris	Aqueste es tu moño, infanta.	
Filis	Este es el tuyo, princesa.	
Céfalo	Mucho de veros me pesa a las dos en Calva-Danta.	140
Pocris	Pues reñimos en cuartel, los prisioneros volvamos.	
Filis	Alafia dellos hagamos.	
Pocris	Pues tal por tal.	
Filis	Él por él.	145

(Truécanlos.)

Pocris	Y ahora, ¿qué hemos de hacer?
Filis	Pues que bien hemos quedado, cada una irse por su lado.
Pocris	Adiós.
Filis	Adiós.

(Vanse.)

Céfalo	A más ver.	
Pastel	¿De qué son las confusiones?	150
Céfalo	¿Bastantes causas no son tener hoy el corazón pasado de dos arpones? Tanto que, si un fraile pasa de San Agustín, sospecho que se entre al ver en mi pecho el escudo de su casa.	155
Pastel	Pues, ¿qué hay ahora?	
Céfalo	Hay que Filis me quiere; hay que no la quiero; hay que yo por Pocris muero; hay que Pocris es busilis, para mí, cruel y ingrato; y hay que anda el ciego Dios hoy conmigo y con las dos como tres con un zapato.	160 165
Pastel	Señor: quiere a quien te quiere.	
Céfalo	En eso hay poco que hacer; lo primoroso es querer a la que me aborreciere: ¡viva Pocris!	
Pastel	Bobería.	170

Céfalo	Pues si tú por tal la sientes:
	¡viva Filis! ¿Hay más?

Pastel	Mientes.

Céfalo	Tú mentirás otro día
	y te lo diré yo a ti.

Pocris   Que me has vencido confieso.   175

(Sale Rosicler.)

[Rosicler]   Queda solo.

Pastel	Según eso,
	yo me escurro.

Rosicler   Escucha.

Céfalo   Di.

Rosicler   En la grande Trapobana...

Céfalo   ¿Con un romance os venís?

Rosicler   Pues si es viejo el ser romance,   180
               ¿hay más de que sea latín?
               In Trapobana mea patria
               rex illustris natus fui,
               et amor unam sagittam
               tiravit mihi vel mi.   185
               Non sagitta fuit vulgaris,
               attamen sagitta fuit
               quê penetravit ad almam

cum verbo illo volo, vis.
Vidi calceamentum unum   190
Filidis...

Céfalo   Tened, oíd,
¿veis cuánto decís? Pues no
entiendo cuanto decís.

Rosicler   ¿En qué idioma os he de hablar
si el romance y el latín   195
no os agradan?

Céfalo   Mal por mal,
en romance lo decid.

Rosicler   Digo que de Filis bella
un día un zapato vi,
el cómo llegó a mis manos   200
es muy largo de decir;
que le vi basta saber,
y que a su breve y sutil
aliño me rindió Amor,
en solo un cerrar y abrir   205
de ojo, el alma a zapatazos;
que como suelen decir:
«Zascandil con vaina y todo,
con la vaina del jazmín
de su pie, me dio el rapaz   210
a traición el zascandil.»

(Saca un zapato muy grande.)

Mas, ¿para qué os lo encarezco
si en menos que hacer así

podéis verlo? Esta es la concha
de aquella perla: advertid 215
cómo la perla será
cuando la concha es así.
Y si así huele el zapato,
¿cómo olerá el escarpín?
Desta alhaja enamorado, 220
de mi patria me salí
en busca suya, y llegué
a este encantado país
con animo de sacarla
por el vicario de allí. 225
Pues, ¿qué cédula mayor
que este zapato? Y en fin,
viendo que hoy está mi vida
de vós pendiente en un tris,
vengo a valerme de vós 230
y a suplicaros que, si
vós no la habéis menester,
que me la dejéis a mí,
porque la he menester yo
para cierta cosa. Y 235
si habiéndooslo suplicado
con las ternezas que oís,
de bien a bien no lo hacéis,
os lo tengo de pedir
de mal a mal; porque un hombre 240
que viene buscando aquí
la horma de su zapato,
fuera desaire muy vil
que se volviera sin ella;
no seáis, pues, para mí, 245
Céfalo, mi «hazme llorar»,
pudiendo mi «hazme reír».

Céfalo	Yo confieso, caballero,
	que os estoy muy obligado,
	que la vida me habéis dado, 250
	que tal cual así la quiero;
	pero esto de voluntad
	ya sabéis que no está en mano
	de un católico cristiano,
	aunque tenga caridad. 255
	A Filis no he de elegir
	porque quiere que la quiera
	mi criado, de manera
	que yo no os puedo servir
	con ella.
Rosicler	Pues fuerza es, 260
	siendo eso así, que riñamos.
Céfalo	Riñamos, pero que estamos
	borrachos dirán después,
	viendo una lid tan reñida
	por princesa semejante, 265
	pues ella hallará otro amante
	y nosotros no otra vida.
Rosicler	Mirad: bien decís; y yo
	he hallado en mis pareceres
	gusto en reñir con mujeres 270
	pero por mujeres no;
	y así, mi cólera brava
	otro medio elegir quiere.
	Dela Amor a quien quisiere:
	juguémosla.

Céfalo	¿A qué?

Rosicler	A la taba.	275

Céfalo	¿Traeisla vós?

Rosicler
                       Y bien raída
aunque es de hoy; que el despensero
en gigote de carnero
me la sirvió a la comida.

(Saca una tabaquera.)

Céfalo	Vaya... Pues, no es esa.

Rosicler	Espera:	280

yo la sacaré. ¿No ves
que esta es la «taba que es»
y esotra la «tabaquera»?

Céfalo	¡Oh, gane yo una vez sola!

(Juegan.)

Rosicler	Por mano echo.

Céfalo	Tira, acaba;	285

mas, ¡hola!, alza bien la taba,
no tengamos tabaola.

Rey	Carne.

Céfalo	Chuca.

Rosicler	Mía es la mano.
Céfalo	Pues, ¿quién trabuca que es mejor carne que chuca? 290 Un cuarto te paro, pues, de Filis.
Rosicler	¿Un cuarto?
Céfalo	Es llano.
Rosicler	A parar más te acomoda.
Céfalo	¿Qué quieres?, ¿que pare toda una infanta en una mano? 295 ¿No será razón que atiendas que, aunque amantes somos tiernos, jugamos a entretenernos y no a perder las haciendas? Un cuarto paro.
Rosicler	Yo topo; 300 pero asentemos primero si es trasero o delantero.
Céfalo	Esa es fábula de Isopo; ¿toda no se ha de jugar?
Rosicler	Podrá ser que el juego pare; 305 y el cuarto que yo ganare se le he de descuartizar.
(Juegan.)	Taba: un cuarto gano.

Céfalo	¡Oh, cuánta

es mi desdicha! Otro paro.

Rosicler   Taba: otro gano.

Céfalo   Era claro.   310

Rosicler   Ya es mía la media infanta.

Céfalo   Es verdad, pero ya he dicho
que bornea poco o nada
la taba.

Rosicler   Muy bien borneada
está, y sobre ese capricho   315
me mataré.

Céfalo   Yo también;
que una cosa es no reñir
por Filis, y otra sufrir
que tragantonas me den.

Rosicler   Acabemos de jugar   320
como quien somos, que hacemos
mil bajezas.

Céfalo   Acabemos
y pelitos a la mar.

(Sale Aura.)

[Aura]   Pues en aire convertida
me han hecho creer que estoy,   325
sin que estos me vean, voy

buscando la prevenida
venganza de Pocris. Puesta
está Filis en aprieto,
y he de embarazar su efeto.   330

Céfalo   Paro.

Rosicler   Topo.

Aura   Voyla a esta.

(Quítales la taba y desaparece.)

Céfalo   ¿Adónde echasteis la taba?

Rosicler   Fuerza es que también lo ignore,
                pues nos la quitó en el aire
                el mismo aire.

Céfalo   Buenas noches.   335

Rosicler   Aquí hay misterio mayor,
                pues los dioses nos la esconden.

Céfalo   Sin duda, alguna deidad
                pretenden jugar los dioses
                y la llevaron; que como   340
                ellos carnero no comen,
                valdrá un ojo de la cara
                cualquiera taba en los orbes.

Rosicler   Bien que dos cuartos de infanta
                ganando estoy; y quien ose   345
                mirarla de medio arriba

	le hará este acero gigote.	

Céfalo   Ganáis mucha calabaza.

Rosicler   Yo he ganado, como noble,
media infanta; y esa media   350
ha de ser mía esta noche.

Céfalo   ¡Más nonada!

Aura (Dentro.)   Oídos hay;
chitón, no deis tantas voces.

Rosicler   ¿Qué portero del Consejo
nos notifica chitones?   355

Céfalo   No veo a nadie.

Rosicler   Yo tampoco.

Céfalo   ¡Gran misterio aquí se esconde!
Deidad auxiliar de Filis,
ya que el juego nos estorbes,
di tú: ¿quién quieres que viva   360
en mi pecho?

Música   ¡Viva Pocris!

Rosicler   Los cielos quieren que sea
Pocris tuya, ¿no los oyes?

Rey   Pues, ¿hay más de que sea mía?
Nunca peores cepos tope   365
adonde echar la limosna.

                              ¡Pocris viva!

Todos   ¡Viva Pocris!

(Salen todos.)

Rey   ¿Resolviose la postema
                     de tu duda?

Céfalo   Antes se rompe
                     y da materia a la fama,   370
                     para que diga su bronce
                     que Pocris es la hermosura
                     a quien he de dar de coces.

Rey   Dale antes, si te parece,
                     la mano que el pie.

Céfalo   A «sus soles»   375
                     tengo que hablar «a mis solas».

Pocris   Eternos años me goces.
                     Filis, Amor te consuele.

Filis   Sí hará. ¡Diablos sois los hombres!

Céfalo   No me culpes.

Filis   Calla; no   380
                     me digas oste ni moste.

Rey   Supuesto que estáis casados,
                     no es bien que nadie os estorbe;
                     que en bulla y conversación

	no suenan bien los amores.	385
	Vamos a hacerles la causa	
	a esta dama y a este joven.	
Flora	¿Qué es la causa?	
Rey	¿No entendéis	
	metáforas? ¡Legos hombres!	
	¿«Hacer la cama» no dicen,	390
	procesales escritores,	
	al hacer la causa?	
Todos	Sí.	
Rey	Pues yo digo, ignorantones,	
	hacer la causa a la cama,	
	que es metáfora in utroque.	395
	Caballeros, ¡despiojad!	
Antistes	Bien importante es el orden.	
Filis	Muriéndome voy.	
Lesbia	¿De qué,	
	señora?	
Filis	De celos, López.	
Clori	¿Diré que doblen por ti?	400
Filis	No, amiga; di que desdoblen.	
Rosicler	Señora Filis, a falta	
	de un picardesco consorte,	

	aquí está otro trapobano.	
Filis	Nada me habléis.	
Rosicler	¿Por qué?	
Filis	Porque	405
	estoy hecha de mil hieles.	
Rosicler	Pues no me habléis con rigores,	
	que tengo en vós de vivienda	
	dos cuartos.	
Filis	Pues, ¿quién los diote?	
Rosicler	Mi suerte. Un alto y un bajo	410
	porque acomodado more:	
	en el alto cuando enere,	
	en el bajo cuando agoste.	
Filis	Pues cuando tenga la suerte	
	libro de aposentadores,	415
	este es hecho a la malicia	
	y ningún huésped acoge.	

(Vase.)

Rosicler	Llore Amor, pues no a mejillas	
	enjutas Filis se cogen.	

(Vase.)

Céfalo	Pues solos hemos quedado,	420
	hermosa divina Pocris,	

	para entretener el día	
	mientras se llega la noche:	
	digámonos uno a otro	
	tantísimos de favores.	425
Pocris	Nunca en tal me vi; mas vaya:	
	direlos a troche y moche.	
Céfalo	¿Ves esta fragante rosa	
	vestida de nieve y grana	
	que, estrella de la mañana,	430
	brilla ardiente y luce airosa,	
	a quien las flores por diosa	
	aclaman, viéndola aquí,	
	ya esmeralda o ya rubí,	
	de aljofares coronada?	435
	Pues contigo comparada,	
	no se le da esta de ti.	
Pocris	¿Ves aquel bello narciso	
	que en el margen de esa fuente	
	parece que aun ahora siente	440
	el amor con que se quiso,	
	pues sin cordura ni aviso	
	se está requebrando allí,	
	enamorado de sí,	
	galán esplendor del prado?	445
	Pues contigo comparado,	
	no se le da esto de ti.	
Céfalo	¿Ves esas parleras aves	
	que cantando dulcemente	
	al compás de esa corriente,	450
	ya bulliciosas ya graves,	

	cláusulas forman suaves?	
	Pues a la aurora que dora	
	estos campos, su canora	
	música, sus celestiales	455
	ecos van, porque no vales	
	tú un comino para aurora.	

Pocris   ¿Ves esos sauces, del viento
          movidos, dar a su tropa
          un órgano en cada copa,   460
          en cada hoja un instrumento?
          Pues su armonioso acento
          que añade en cada renuevo
          un verde ruiseñor nuevo,
          a Febo aclaman iguales,   465
          no a ti, porque tú no vales
          un rábano para Febo.

Céfalo   ¡Qué dulce gloria es oír
          encarecidos amores
          un hombre de lo que adora!   470

(Sale Aura tapada.)

Aura   ¡Ce, caballero!

Céfalo   Ceceome
          allí una mujer tapada.

Aura   Véngase conmigo.

Céfalo   ¿Adónde?

Aura   Eso es mucho preguntar.

	Donde dicen esas voces.	475
Música (Dentro.)	Deja, deja el regazo de tu consorte; pues que no dejas nada, Porquis por Porquis.	
Céfalo	Escucha, deidad, aguarda...	480
Pocris	¿Con quién hablas?	
Céfalo	¿Tú no oyes una suave pandorga que dulce los aires rompe?	
Pocris	Yo no.	
Céfalo	Yo sí y eso basta a que del todo me informe; que alguna deidad su juicio pierde por mí; y así voyme.	485
Pocris	¿Dónde?	
Céfalo	Por ahí.	
Pocris	¿Eso dices?	
Céfalo	Pues, ¿por qué no?	
Pocris	Es gran desorden.	
Céfalo	Ya eres mi propria mujer: contigo fueran errores	490

tener cumplimientos, pues
del matrimonio los toques
nunca llegan a ser cabes
porque van con condiciones;   495
y más cuando una deidad
me llama diciendo a voces...

Él y música   Deja, deja el regazo
                     de tu consorte;
                     pues que no dejas nada,   500
                     Porquis por Porquis.

(Vase con Aura, y si pareciere, vuelen.)

Pocris   ¡Hay tan gran maridería!
                     Tenedle, si sabéis, flores,
                     tener algo de provecho;
                     poneos delante, montes,   505
                     si os sabéis poner delante
                     alguna vez que no estorbe.

(Sale Filis y las dueñas.)

Filis   ¿De qué te quejas?

Pocris   De que
                     Amor conmigo anda a coces:
                     de mis mismísimos brazos   510
                     huyó Céfalo. No llores
                     que no te eligiese a ti,
                     porque es, hermana, un ruin hombre
                     que no sabe tener fe
                     con mujeres de mi porte.   515
                     Pensé que no le quería,

114

y cátame aquí, ioh rigores
tiranos!, con unos celos
que me han venido de molde.
De quién los tengo, no sé;   520
mas sé que con pies veloces
la he de seguir. Y así, Dios
mis graves culpas perdone,
que si encuentro a esta picaña
deidad que me le concome,   525
que tal golpe la he de dar
que no parezca que es golpe.

Filis   ¿Estás loca?

Pocris   Claro está.

Lesbia   Mira...

Pocris   Miren los mirones.

Clori   Tente.

Pocris   Tengan los tenientes.   530

Nise   Oye...

Pocris   ¡Oigan los oidores!
Dejadme todas; que estoy
por ir a hacerme gigote.

(Vase.)

Filis   Cuál estaré yo, iay de mí!;
porque si ella ve visiones,   535

yo a las visiones y a ella,
conque son mis celos dobles.
¡Ay Céfalo, que dos veces
ultrajes mis pundonores,
mis altiveces sobajes,   540
y con espada y estoque,
a Pocris pases de punta
y a mí me tires de corte!

Laura   ¿Tú también?

Filis   Pues, ¿soy yo menos
que la otra para dar voces?   545

Lesbia   Considera...

Filis   Consideren
los necios murmuradores.

Clori   Repara...

Filis   Repare el que
esgrime.

Nise   Nota...

Pocris   Que noten
los curiosos.

Lesbia   Ve...

Filis   Vea el que   550
por esquinas y cantones
a ciegas anda; que estoy

del amor a los virotes,
de enojos hasta el gollete,
de celos de bote en bote.   555

(Vanse.)

(Salen Céfalo y Aura.)

Céfalo   ¿Dónde me llevas tras ti,
                          tapadísima deidad?

Aura   A perder.

Céfalo   ¿A perder?

Aura   Pues,
                          ¿dónde llevan las demás?
                          ¿Habéis oído que alguna   560
                          tapada lleve a ganar?

Céfalo   No, mas temo que se diga,
                          al ver que vós me sacáis
                          de los brazos de mi esposa,
                          que por esta soledad   565
                          a caza sale el marqués
                          danés Urgel el Leal.

Aura   Escuchad, sabréis quién soy
                          y mi intento.

Céfalo   Comenzad.

Aura   Oíd aparte, no nos oigan.   570

(Retíranse a hablar y sale Pocris.)

Pocris	Hablando los dos están
	en secreto, aunque hasta ahora
	no es secreto natural.
	En la espesura se meten
	guiando ella; y él, detrás,	575
	allá va a buscar la caza
	a las orillas del mar.

Pocris   Hablando los dos están
          en secreto, aunque hasta ahora
          no es secreto natural.
          En la espesura se meten
          guiando ella; y él, detrás,   575
          allá va a buscar la caza
          a las orillas del mar.

Aura   ¿Habeisme entendido?

Céfalo   Sí.

Aura   Pues dadla, sin más ni más,
          muerte a esa fiera.

Céfalo   ¿Con qué?   580

Aura   Esta ballesta tomad
(Dásela.)   de bodoques que os envía
          Diana. Adiós.

Céfalo   Esperad.

Aura   Tengo otras cosas que hacer.

(Vase.)

Céfalo   ¿Con cuánta velocidad   585
          por las riberas del Po
          la caza buscando vas?
          ¡Airosa ninfa, detente!

Pocris	Él se queda, ella se va,	
	sin comerlo ni beberlo;	590
	aunque en aqueste lugar,	
	estando los dos a solas,	
	ella dama y él galán,	
	viandas aparejadas	
	traían para yantar.	595

Céfalo	¿Por qué tan solo me dejas
	en este monte? ¿No hay más
	de decir «mata una fiera»?
	¿Tan fáciles de matar
	son?

Pocris	Aquí quiero esconderme	600
	de aqueste jazmín detrás,	
	para saber en qué para.	

Céfalo	O lo hace Barrabás	
	o mis oídos lo fingen	
	o al pie de aquel arrayán,	605
	en la espesura del monte,	
	gran ruido oyeron sonar.	
	¡Tiro!	

Pocris	¡No tires!

Céfalo	¿Por qué?

Pocris	Hijo, porque me darás.

Céfalo	Pues, ¿quién eres?

Pocris	Tu mujer.	610

Céfalo	Y, ¿qué haces aquí?
Pocris	Acechar.
Céfalo	¿Mujercita acechadora tengo? Por eso verás que apunto mejor.
Pocris	¿Qué haces?
Céfalo	Tirar.
Pocris	¿Tirar? ¿A qué?
Céfalo	A dar.

615

Pocris	Tira y mira, no me yerres.
Céfalo	Yo procuraré acertar.

(Tira; y ella, fingiéndose herida, cae.)

Pocris	¡Ay infeliz, que me has muerto!
Céfalo [Aparte.]	(Como ella diga verdad y no se queje de vicio, sin duda que la hice mal.) Pocris, señora, mi bien...

620

Pocris	Céfalo, señor, mi mal.
Céfalo	¿Dite?

Pocris	Y como que me diste
	un bodocazo fatal 625
	ventidoseno, porque
	ya delante y ya detrás,
	veinte y dos heridas tengo
	que cada una es mortal.
Céfalo	¡Oh mal haya la ballesta! 630
	Mas puédeste consolar,
	mi bien, que esta es la primera
	cosa que acerté jamás.
Pocris	¡Buen consuelo nos dé Dios!
Céfalo	¿Para qué veniste acá? 635
Pocris	Para apurar mis recelos.
Céfalo	¿Y es justo, por apurar
	recelos, aguar venturas?
	¡Qué condición infernal
	de mujer!
Pocris	Ríñeme ahora, 640
	que no me faltaba más.
Céfalo	Pues muérete si no quieres
	que te riña.
Pocris	De esta va
	el alma por esos cerros.

(Muere.)

Céfalo	¡Expiró el mayor fanal	645
	del día! ¡Vino la noche!	
	República celestial,	
	aves, peces, fieras, hombres,	
	montes, riscos, peñas, mar,	
	plantas, flores, yerbas, prados:	650
	venid todos a llorar.	
	Coches, albardas, pollinos,	
	con todo vivo animal;	
	pavos, perdices, gallinas,	
	morcillas, manos, cuajar:	655
	¡Pocris murió! Decid, pues:	
	«¡Su moño descanse en paz!»	

Todos   Que descanse en paz, decimos.

(Salen el Rey, Filis, las dueñas, y todos los demás.)

Rey   Pocris bella, ¿dónde estás?

Dueña	¿Dónde estás, señora mía,	660
	que no te duele mi mal?	

Céfalo   Señor, si buscando vienes
tu hija, vesla ahí donde está.

Rey   No la despertéis.

Pastel   No duerme.

Rey   ¿Qué hace?

Antistes   Está muerta.

Rey	¿Eso más?	665
	¿Quién la mató?	

Céfalo   Yo.

Rey   ¿Por qué?

Céfalo   Porque me vino a acechar.

Rey   ¿Quién la metió en ser curiosa?
        ¡Muy bien empleado está!

Filis   ¿Eso dices?

Rey   Esto digo.   670

Rosicler   Muera quien muerte la da.

Rey   No le matéis; que antes quiero
        que esté conmigo de hoy más
        porque me vaya matando
        a toda mi vecindad,   675
        pues que mata a los que acechan.
        Ese cadáver llevad
(Llévanla.)   y a su merecida muerte
        sea pompa funeral
        una grande mojiganga;   680
        que no se ha de celebrar
        esta infelice tragedia
        como todas las demás.

Todos   ¿Mojiganga?

Rey   Mojiganga;

	y yo la he de comenzar	685
	por daros ejemplo a todos.	
	Una guitarra me dad.	

Rosicler   ¿Guitarra aquí?

Rey   ¿Por qué no?

Antistes   Porque no la hay.

Rey   Sí la hay.

Filis   ¿Dónde?

Rey	Colgada de un sauce	690
	o de otro árbol estará;	
	que cada día las cuelgan	
	los pastores.	

Céfalo   Es verdad,
que aquí hay guitarra.

Rey	Ahora bien,	
	todos de aquí os retirad;	695
	y como os vaya llamando	
	os id arrojando acá.	

(Éntranse todos. Quedan Filis y Antistes, y el Rey toma la guitarra.)

Filis   ¿Que esto hagas?

Rey	Esto hago.	
	Y porque todos veáis,	
	cuánto me remoza esto,	700

en un instante mirad
cuántas canas se me quitan
en comenzando a cantar.

(Empieza a cantar, y por un arambre le quitan las barbas y cabellera cana
al Rey.)

(Canta.)   Vaya, vaya de mojiganga,
                      de alegría y de pesar;   705
                      que quien llora con placer,
                      siente bien cualquiera mal.

Toda la música   Vaya, vaya, de mojiganga,
                      de alegría y de pesar;
                      que quien llora con placer,   710
                      siente bien cualquiera mal.

Rey (Canta.)   El Gigante con las dueñas
                      salga el guineo a bailar.

(Salen las dueñas y el Gigante.)

Dueñas   Mejor fuera una endiablada.

Rey   Pues bailen con Barrabás.   715

(Salen todos.)

Todos   Para eso bailemos todos.

Rey   Pues repitan a compás...

Todos   Vaya, vaya de mojiganga,
                      [de alegría y de pesar;

que quien llora con placer,   720
siente bien cualquiera mal.]

(Hacen un torneo en forma de matachines y dan fin.)

Fin de la comedia

Libros a la carta

A la carta es un servicio especializado para
empresas,
librerías,
bibliotecas,
editoriales
y centros de enseñanza;
y permite confeccionar libros que, por su formato y concepción, sirven a los propósitos más específicos de estas instituciones.

Las empresas nos encargan ediciones personalizadas para marketing editorial o para regalos institucionales. Y los interesados solicitan, a título personal, ediciones antiguas, o no disponibles en el mercado; y las acompañan con notas y comentarios críticos.

Las ediciones tienen como apoyo un libro de estilo con todo tipo de referencias sobre los criterios de tratamiento tipográfico aplicados a nuestros libros que puede ser consultado en Linkgua-ediciones.com.

Linkgua edita por encargo diferentes versiones de una misma obra con distintos tratamientos ortotipográficos (actualizaciones de carácter divulgativo de un clásico, o versiones estrictamente fieles a la edición original de referencia).

Este servicio de ediciones a la carta le permitirá, si usted se dedica a la enseñanza, tener una forma de hacer pública su interpretación de un texto y, sobre una versión digitalizada «base», usted podrá introducir interpretaciones del texto fuente. Es un tópico que los profesores denuncien en clase los desmanes de una edición, o vayan comentando errores de interpretación de un texto y esta es una solución útil a esa necesidad del mundo académico.

Asimismo publicamos de manera sistemática, en un mismo catálogo, tesis doctorales y actas de congresos académicos, que son distribuidas a través de nuestra Web.

El servicio de «libros a la carta» funciona de dos formas.

1. Tenemos un fondo de libros digitalizados que usted puede personalizar en tiradas de al menos cinco ejemplares. Estas personalizaciones pueden ser de todo tipo: añadir notas de clase para uso de un grupo de estudiantes,

introducir logos corporativos para uso con fines de marketing empresarial, etc. etc.

2. Buscamos libros descatalogados de otras editoriales y los reeditamos en tiradas cortas a petición de un cliente.